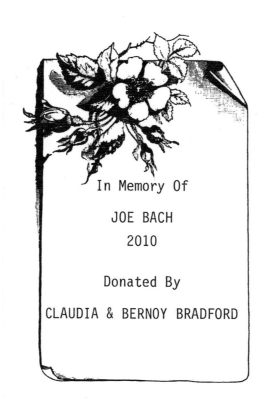

In Memory Of

JOE BACH

2010

Donated By

CLAUDIA & BERNOY BRADFORD

¿Cómo se mueve?

Bobbie Kalman

🌳 Crabtree Publishing Company
www.crabtreebooks.com

Creado por Bobbie Kalman

Dedicado por Kathy Middleton
Para mi maravillosa Ava Xian, quien me
conmueve más allá de las palabras.

**Autora y
editora en jefe**
Bobbie Kalman

Editora
Kathy Middleton

Correctora
Crystal Sikkens

Investigación fotográfica
Bobbie Kalman
Crystal Sikkens

Diseño
Bobbie Kalman
Katherine Berti
Samantha Crabtree
    (logotipo y portada)

Coordinadora de producción
Katherine Berti

Consultor lingüístico
Dr. Carlos García, M.D., Maestro bilingüe de Ciencias,
    Estudios Sociales y Matemáticas

Ilustraciones
Barbara Bedell: páginas 9, 11, 15, 18, 19 (peces), 24 (ardilla voladora y monos)
Katherine Berti: canguros en las páginas 17, 24
Bonna Rouse: páginas 14, 17 (rana), 21, 24 (ave y rana)
Tiffany Wybouw: página 16, delfines en las páginas 19, 24

Fotografías
© Dreamstime.com: página 13 (derecha)
© iStockphoto.com: páginas 5 (recuadros), 17 (saltamontes)
© Shutterstock.com: portada, páginas 1, 3, 4, 5 (excepto recuadros),
    6, 7, 8, 9, 10, 11 (parte inferior), 12 (excepto recuadro), 13 (izquierda), 14,
    15, 16, 17 (niños), 18, 19, 21, 22, 23, 24 (excepto conejo)
© Albert Kok/Wikipedia: página 20
Otras imágenes de Corbis, Corel y Digital Vision

Traducción
Servicios de traducción al español y de composición de textos suministrados
    por translations.com

Library and Archives Canada Cataloguing in Publication

Kalman, Bobbie, 1947-
        ¿Cómo se mueve? / Bobbie Kalman.

(Observar la naturaleza)
Includes index.
Translation of: How does it move?
ISBN 978-0-7787-8704-4 (bound).--ISBN 978-0-7787-8743-3 (pbk.)

        1. Animal locomotion--Juvenile literature. 2. Plants--Irritability
and movements--Juvenile literature. I. Title. II. Series: Kalman, Bobbie,
1947- .
Observar la naturaleza.

QP301.K3418 2010   j573.7'9   C2009-902453-5

Library of Congress Cataloging-in-Publication Data

Kalman, Bobbie.
    [How does it move? Spanish]
    ¿Cómo se mueve? / Bobbie Kalman.
        p. cm. -- (Observar la naturaleza)
    Includes index.
    ISBN 978-0-7787-8704-4 (reinforced lib. bdg. : alk. paper) -- ISBN 978-0-
7787-8743-3 (pbk. : alk. paper)
    1. Animal locomotion--Juvenile literature. 2. Plants--Irritability and
movements--Juvenile literature. I. Title. II. Series.

QP301.K2918 2008
573.7'9--dc22
                                                            2009016825

Crabtree Publishing Company

www.crabtreebooks.com   1-800-387-7650

**Publicado en Canadá
Crabtree Publishing**
616 Welland Ave.
St. Catharines, Ontario
L2M 5V6

**Publicado en los Estados Unidos
Crabtree Publishing**
PMB16A
350 Fifth Ave., Suite 3308
New York, NY 10118

**Publicado en el Reino Unido
Crabtree Publishing**
White Cross Mills
High Town, Lancaster
LA1 4XS

**Publicado en Australia
Crabtree Publishing**
386 Mt. Alexander Rd.
Ascot Vale (Melbourne)
VIC 3032

Contenido

¿Cómo se mueve?

Las plantas, los animales y las personas son **seres vivos**. Los seres vivos cambian y se mueven. Las plantas no se mueven de un lugar a otro, pero sus partes se mueven para buscar la luz solar o el agua. Las personas y la mayoría de los animales pueden moverse de un lugar a otro. Se mueven de diferentes maneras.

Los girasoles giran hacia el sol desde la mañana hasta la noche. Giran muy lentamente, por eso es difícil verlos moverse.

4

Las hojas de la mimosa **cuelgan** o se ponen mustias cuando algo las toca. Las hojas de esta planta cuelgan porque las tocó un ratón.

mimosa

La venus atrapamoscas es una planta que come animales pequeños. Las hojas se cierran rápidamente cuando algo toca sus vellos. Esta mosca está atrapada. ¡La planta se la va a comer!

Venus atrapamoscas

5

Con patas

Muchos animales que viven en la tierra tienen patas. Las usan para moverse de un lugar a otro. Algunos animales se mueven en cuatro patas. Algunos tienen aún más patas. Los animales con patas pueden caminar. Algunos pueden correr, balancearse y también trepar.

Este caballo usa las cuatro patas para correr en la playa. Está **galopando** o corriendo a toda velocidad. ¡Sus **cascos** vuelan sobre la arena! No tocan el suelo.

Los cascos son como pies, pero duros.

Este niño corre en dos piernas.
Cuando corre, coloca una pierna
delante de la otra. Como el caballo,
el niño corre muy rápido. Sus pies
se levantan sobre la arena mientras
corre. ¡También puede caminar con
las manos, pero no muy lejos!

*Un milpiés camina
con muchas patas.*

Sin patas

Algunos animales no tienen patas. Estos animales se deslizan de un lugar a otro. Los gusanos, las serpientes, los caracoles y las babosas se deslizan por el suelo. Se deslizan sobre piedras y plantas.

curva

curva

curva

*Las serpientes **reptan** o se arrastran. Se mueven **serpenteando** o formando curvas. Las curvas son líneas torcidas. Las serpientes forman curvas con el cuerpo. Luego usan estas curvas para empujarse hacia adelante. Esta serpiente usa tres grandes curvas para moverse hacia adelante.*

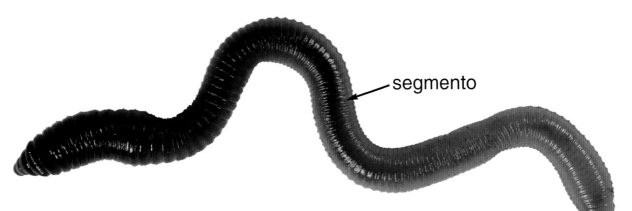
segmento

El cuerpo de una lombriz de tierra está hecho de
muchos **segmentos**. Los segmentos son partes.
La lombriz estira algunos de sus segmentos para
moverse. Luego los otros segmentos empujan hacia adelante.

caracol

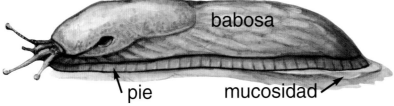
babosa

pie   mucosidad

*Los caracoles son animales
con concha. Las babosas
son parecidas, pero no
tienen concha.*

*Los caracoles y babosas se mueven sobre un solo **pie** que está en la parte inferior
del cuerpo. Estos animales producen **mucosidad** en su cuerpo. La mucosidad es
como una baba. La mucosidad cubre el suelo debajo de estos animales. De esta
manera, el pie se desliza sobre la mucosidad.*

9

¡Arriba y adelante!

Algunos animales viven en lo alto de los árboles. Otros trepan para buscar comida. Hay animales que trepan cuando están en peligro. Diferentes partes del cuerpo los ayudan a trepar.

corteza del árbol

Las ranas arbóreas viven en los árboles. Sus dedos pegajosos las ayudan a trepar.

dedos pegajosos

garras

*Este oso negro usa las garras para trepar un árbol. Las **garras** se agarran de la **corteza** del árbol. Ayudan a que el oso no se resbale.*

Los monos y simios tienen los brazos más largos que las piernas. Los brazos largos los ayudan a balancearse de un árbol a otro.

patas falsas

patas verdaderas

Una oruga usa sus seis **patas verdaderas** como si fueran manos para sostener la hoja que está comiendo. Las diez **patas falsas** no son patas verdaderas, pero ayudan a que la oruga trepe, se arrastre y se cuelgue.

En la montaña

Algunos animales viven en las montañas. ¡Trepan rocas que pueden ser resbaladizas! Muchos tienen **pezuñas** para poder trepar. Las pezuñas de dos dedos se agarran de las rocas y no se resbalan.

pezuñas de dos dedos

cabras monteses

Las personas no tienen pezuñas, pero también les gusta escalar montañas. Para practicar, algunas personas escalan muros de roca. Otras prefieren bajar en esquís en vez de escalar. En cualquiera de los dos casos, siempre debes usar casco.

¡No mires hacia abajo!

13

batir las alas

planear

En el aire

Las aves, los murciélagos y algunos insectos tienen alas. Pueden volar. Las aves **baten las alas** para despegarse del suelo. Batir las alas es moverlas de arriba a abajo. Una vez que las aves están arriba en el cielo pueden **planear**. Cuando planean, el aire las lleva. No necesitan batir las alas.

Los murciélagos pueden volar, pero no pueden planear. Deben batir las alas constantemente para volar.

Las alas de los murciélagos tienen la piel muy delgada, ¡puedes ver hasta sus huesos!

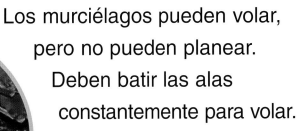

Las mariposas tienen cuatro alas para volar. También pueden planear.

membranas de piel

*Las ardillas voladoras en realidad no vuelan. Saltan de un árbol a otro y planean. Entre las patas tienen **membranas** de piel que usan para planear.*

*Los colibríes **se suspenden en el aire.** Eso quiere decir que se quedan en el mismo lugar mientras vuelan. Los colibríes baten las alas rápidamente.*

15

A brincos y saltos

rana

Algunos animales saltan para ir de un lugar a otro. Los canguros, las ranas, los saltamontes y los conejos saltan. Los animales que saltan tienen patas traseras fuertes. Sus patas traseras son más largas que las delanteras.

canguro

saltamontes

rana

conejo

Los animales saltan de diferentes maneras.

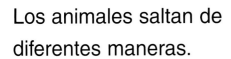

Los canguros dan grandes saltos. Saltan hacia arriba y hacia adelante.

Los conejos dan brincos pequeños. Avanzan dando brinquitos.

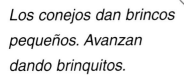

Las ranas saltan ágilmente. Dan saltos grandes y rápidos.

Los saltamontes no saltan un monte, ¡pero sí pueden saltar saltar muy alto y muy lejos!

¿Cómo qué animal está saltando cada uno de estos niños?

En el agua

Muchos animales viven en
el agua. ¿Cómo se mueven?
¿Qué partes especiales del
cuerpo les sirven para moverse?
¿Cómo se mueven estos peces?
¡Todos nadan!

Los peces nadan moviendo el cuerpo de un lado a otro. Mueven la **aleta** de la cola de un lado a otro.

aleta

Los delfines viven en el agua, pero no son peces. Mueven la **aleta caudal** o cola hacia arriba y hacia abajo para poder nadar.

aleta
caudal

*Cuando viajan, los delfines **saltan fuera del agua.***
De esta forma avanzan rápidamente.

19

Formas de nadar

Algunos animales que viven en el agua no nadan como los delfines o los peces. Mueven el cuerpo de otras formas. ¿Cómo se mueven estos animales?

Los pulpos aspiran agua y luego la expulsan con fuerza. El chorro de agua los impulsa hacia adelante. Los brazos siguen el movimiento.

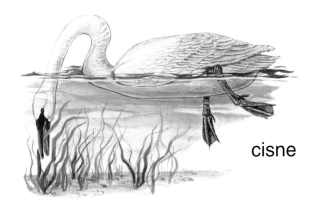

cisne

pato

Los patos, gansos y cisnes viven en el agua. Tienen patas **palmeadas**. Las patas palmeadas tienen piel entre los dedos. Las aves acuáticas usan las patas palmeadas como remos.

patas palmeadas

ganso

pingüino

Los pingüinos son aves que nadan debajo del agua. Con sus cortas alas parece que vuelan en el agua.

¿Cómo te mueves tú?

Las personas pueden moverse de diferentes maneras. Podemos movernos como muchos animales. Estos niños se están moviendo como algunos animales que ya conoces. ¿Qué animal construye una telaraña y se trepa en ella?

telaraña

araña

delfín

¿Qué animal salta alto y rápido fuera del agua?

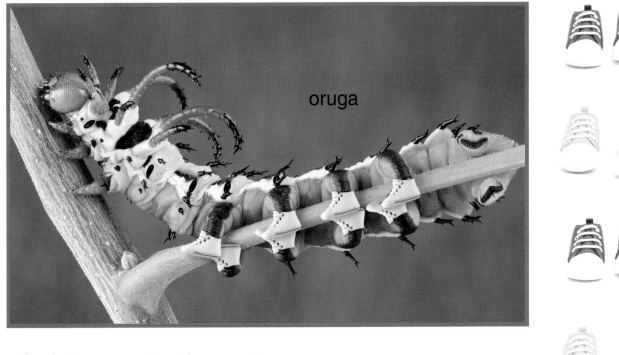

oruga

¿Cuántos zapatos tiene esta oruga para correr una carrera contigo? ¿Cuántos zapatos da cuatro veces dos?

23

Palabras para saber e índice

balancear
páginas 6, 10, 11

correr
páginas 6, 7, 23

nadar
páginas 18, 19, 20, 21

planear
páginas 14, 15

reptar
página 8

saltar
páginas 16, 17, 19, 23

trepar
páginas 6, 10, 11, 12, 13, 22

volar
páginas 14, 15, 21

Otras palabras

Impreso en China — CT